Regla Konga en Cuba.

Investigación de campo en Angola

José Millet

Ediciones Fundación Casa del Caribe.

Venezuela, 2018, septiembre 03.

ISBN: 9781720046233

A mi padrino en la Regla Konga, el Tata
Mayor Vicente Portuondo Martín y a los
mapnguis del Cabildo San Benito de Palermo,
de Reynerio Pérex, en Santiago de Cuba.

África: Revista de Centro de Estudios Africanos. USP, S Pulo,
12-13 (1): 159 – 180, 1989/1990.

ASPECTOS DE RELIGIOSIDAD
POPULAR ANGOLANA[1]

José Millet *

ABSTRACT: The author analyses various Angolan popular aspects, like "Nzambi" notions, the difference between priests, wizards and witchcraft in their natural practices. He also analyses the mechanism of prediction and cult to ancestrals and funeral rites.

El aspecto étnico-cultural de la República Popular de Angola es sumamente rico y complejo. En ella existen diez grupos étnicos que hablan igual número de lenguas, con algunas variantes, y más de cien tribus. Se aprecia una gran confusión en cuanto a la nominalización de dichos grupos, pero los nombres más generalizados son los siguientes: Bakongo, Kikongo o Kongo; Anbundu o Kinbundu; Ganguela; Nianeka- hunbi; Lunda – Tehokwe o Lunda Kioko (a veces, Lunda – Quioco); Nianeka – humbi; Unbundo u Ovimbundo; Ovambo o Ambo; Helelo o Herero,

---

[1] Este artigo e resultado de pesquisa de campo realizada por un equipe de Casa de Caribe en Angola, tendo por relator o signatário the etnographer José Millet from Cuba.

Vakwangar, Kwagar, Kamaxi; pre – bantus (Khoi – san o bosquímanos, o incluso Kamesekeles o Kwankalas) y Protobantus (kwisis y Kedes).

En el complejo del kongo, según el antropólogo portugues-angolano Henrique Abranches, descollaban dos reinos que se disputaban la Ilha de Luanda, "extremamente importante por sus cauris (conchas marinas univalbas llamadas Nzimbo), que circulaban como monedas en el reino del Kongo. La Ilha de Luanda pertenecía por principio al soberano congolés, era su 'banco', más sus habitantes hablan hoy un Kinbundu diferenciado y no kikongo[2]". Esta diferenciación presupuso un desgajamiento de esta región del mencionado reino, ruptura que permitió una evolución particular de la misma y resultados como el lingüístico apuntado. En la tradición se ha conservado el siguiente mito ilustrativo de este desasimiento: un Rey congo que viajaba hacia el Sur no logra encontrar la jerarquía que corresponde a su supremo rango. Tal vez esta separación no sea tan tajante, sino que se deban interpretar los elementos

---

[2] Henrique Abranches. "Os diferentes tipos de comunidades étnicas". Universidad de Angola, 1984, p. 17.

diferenciantes como hijos legítimos de las condiciones específicas en que se desarrollan ambas regiones. Más conviene apuntar lo específico del área que nos fue concedida pesquisar: Luanda que puede verse como un terreno predominantemente kinbundu, donde se manifiestan

MILLET, José. Aspectos de religiosidad popular angolana. *África: Revista de Centro de estudios Africanos, USP,S. Paulo*, **12-13 (1):** 159 – 180, 1989/1990.

diversas expresiones kikongas. A continuación presentamos la primera parte del informe de pesquisas de campo que durante un mes realizó un grupo de investigadores y colaboradores científicos de la Casa del Caribe en la provincia de Luanda, y más particularmente en su ciudad. Desde mediados de marzo a principios de abril de 1987 el Jefe del Equipo, investigador titular Licdo. Joel James y el redactor de la presente reseña, trabajaron junto con el Licdo. Andrés Caldas, Ricardo Alarcón y Rogelio Meneses en la búsqueda de recolección de datos sobre la religiosidad popular angolana que permitiesen posteriormente establecer los nexos comunes entre los sistemas de creencias y prácticas africanas y los sistemas mágico-religiosos cubanos, en los que están aún vivas las raíces sembradas por los africanos esclavizados y sus descendientes en el proceso de configuración de nuestra cultura nacional.

El trabajo de campo se realizó en el marco de la vista de un grupo artístico del carnaval de Santiago de Cuba al "Carnaval de Victoria" de la capital de la hermana República Africana. Él no hubiese podido llevarse adelante sin las relaciones de intercambio cultural existentes entre ambos países y, particularmente, sin la brindada por la Secretaría de Estado para la Cultura de la R.P.A., de numerosos anónimos hijos de la patria de Netto y de funcionarios, intelectuales y antropólogos angolanos a quienes deseamos dar testimonios de agradecimientos aquí consignados algunos de sus nombres: Zonga; Manuel Sebastián; Tany Narcizo; Dionisio Rocha; Enrique Abranches; Dionisio Augusto Ferreira; Antonio Braganza, Armindo Domingos Yanota y el Mestre Geraldo Lourenço Morgado.

En la redacción de esta exposición deliberadamente nos hemos ajustado a la información primaria obtenida mediante las entrevistas, tratando en lo posible de ser fieles a lo expresado por los interlocutores. Es por ello que prescindimos del aparato de erudición que se reservará para el estudio comparativo anunciado más arriba.

NZAMBI

La mayoría de los informantes identifican a Nzambi con "Deus", pero Nzambi como concepto existe antes de la llegada de los portugueses a tierra africana y caeríamos en un error si lo equiparamos a Dios, noción fundamental de la religión cristiana. El concepto en extremo abstracto de Nzambi abarca niveles o estamentos independientes que incluye ideas animistas, fetichistas, y teístas, articuladas entre sí de un   modo

MILLET, José. Aspectos de religiosidad popular angolana. *África: Revista de Centro de estudios Africanos, USP,S. Paulo*, **12-13 (1)**: 159 – 180, 1989/1990.

sumamente intrincado. Su suma abstracción metafísica provoca que no pueda representársele; Nzambi está situado tan alto que no pueden realizársele ritos, que lo empequeñecerían o rebajarían. La adoración y respeto a esta deidad se encuentra muy extendida en todo el área objeto de estudio. No obstante, en determinadas zonas se registran el culto o Nbalicita, ser sobrenatural caracterizado por la disputa con Nzambi y que, en consecuencia, pudiese interpretarse como expresión de una corriente opuesta a la ideología tradicional asociada al primero.

Más hacia el Norte, y en la región que tiene como centro de irradiación a Soyo, en torno a Nzambi se ha tejido una creencia religiosa de matiz político, en cuanto se relaciona con la presencia del colonizador europeo. El pueblo de Soyo identifica esta fuerza sobrenatural con el espíritu blanco y, en consecuencia, la representa como un mercader o comerciante montado en un caballo. De este modo, la palabra Nzambi adquiere un contenido más cercano al significado de "señor".

Resulta de interés para el interés informe destacar que, a pesar de la inexistencia de un culto a Nzambi propiamente dicho, las prácticas e ideas asociadas con esta deidad guardan una intima relación con el culto a los espíritus: permiten que éstos asciendan y se integren a esta fuerza abstracta. Tal vez la danza *kalundú*, que abordaremos más adelante, sea la expresión más acabada donde se pone de manifiesto esta relación. Para los creyentes en estas fuerzas sobrenaturales, Nzambi es la jerarquía espiritual suprema; por debajo de ella se sitúan incontrolables que se concentran en entidades como Nvula – el dios de la lluvia – o Kainda – que rige el océano – y los espíritus, tanto los ancestrales como otros menor dignificados o menor consagrados por la tradición. Aunque permanezcan en una escala inferior, esto no les resta poderío a los espíritus, los cuales desempeñan un papel importantísimo en la vida religiosa de los miembros de la sociedad angolana.

Como puede apreciarse, en la figura de Nzambi se combinan elementos de naturaleza distinta – que al principio de este tópico definimos como "niveles" – que complican la interpretación que podemos hacer acerca de su función y el alcance de su poder con respecto a las otras deidades o espíritus con que se relacionan. Nzambi está presente en todo, pero al mismo tiempo permanecen abstraído, no como entidad pasiva ni contemplativa, sino más bien de modo expectante. Las fuerzas sobrenaturales actúan casi siempre irracionalmente, aunque estén dotadas de cierta "inteligencia cósmica",

MILLET, José. Aspectos de religiosidad popular angolana. *África: Revista de Centro de estudios Africanos, USP,S. Paulo,* **12-13 (1):** 159 – 180, 1989/1990.

mientras que los espíritus rigen casi completamente el comportamiento cotidiano de los seres humanos. Estos últimos se presentarán para viabilizar procesos en ocasiones complicados, como el de la adivinación, o para intervenir en la vida y en el destino de los seres humanos, aun después de su muerte.

No podría establecerse con acento absoluto ni la potencia de las mencionadas fuerzas y el poder de los espíritus en determinadas ocasiones y áreas del comportamiento humano se subordinan del modo sugerido. En cuanto al caso extremo de la muerte, podríamos apuntar como marcada influencia kikongo el restablecimiento del espíritu de los fallecidos al seno de la comunidad de los vivos; las "almas" de los difuntos, en efecto, no se retiran a un reino del más allá alejado de los que bregan, sino que se integran a éstos permaneciendo en estrecha comunicación con ellos y tomando parte en casi todas sus acciones. Se establece entonces un sistema de relaciones vivos/muertos de mucha importancia para el conocimiento de la psicología y del comportamiento de los miembros de la sociedad estudiada.

Este último sistema es tan importante que la sociedad especializa a varios de sus hijos en funciones vinculadas con él. La intervención de los espíritus determina la acción de los sacerdotes, brujos y hechiceros: de los curanderos o *kimbandas*, de los hombres-nganga en sus diversas variantes y, aun, de los "fetiseiros". Todos ellos se valen de esas fuerzas sobrenaturales y de esas formas espirituales en que se manifiesta Nzambi para ejercer tareas de sacerdotes, adivinos, terapeutas nigrománticos o simplemente de magos o hechiceros. Así el que no llueva o que el mar se precipite en denominadas olas contra las costas, se debe a la acción de una de esas fuerzas; la aparición en alguien de una dolencia es efecto de la intervención de algún espíritus y sólo el *kimbanda* sabrá cómo eliminarla; "una repentina enfermedad", dijo un oficiante, "la tiene esa mujer por no haberle realizado las ofrendas que establece el culto a los espíritus cuando su tío murió" y, para conjugarla, aquél le indica lo que debe hacer-se. Los antepasados, pues, pueden perturbar la paz de una comunidad o por el contrario, traerle tranquilidad cuando se cumple adecuadamente con ellos.

La imaginería del pueblo ha creado mitos en torno al culto a los espíritus ancestrales. Relata uno de ellos que algunos de estos espíritus antiguamente comían carne humana y se fueron convirtiendo en monstruos – los denominados Ikishi-kisshi – para continuar haciéndolo. Se trataría de personas que han "encarnado" dichos seres

MILLET, José. Aspectos de religiosidad popular angolana. *África: Revista de Centro de estudios Africanos, USP,S. Paulo*, **12-13 (1):** 159 – 180, 1989/1990.

sobrenaturales y que son denominadas en kimundu con la palabra Nkisi. En ocasiones se les representa en forma de diablitos o enmascarados. El fetiseiro, que según algunos informantes cuando mata ingiere la palma de la mano y la lengua de la víctima, podría ser uno de esos espíritus encarnados.

SACERDOTES, BRUJOS Y HECHICERÍA

El kimbanda:

Hay quienes afirman que *kimbanda* es equivalente a sacerdote de una determinada regla. Le dan incluso un antiguo linaje: era uno de los consejeros del Reino kongo y tenía a su cargo el desempeño y conservación de los servicios religiosos. Tomando en cuenta esta presunta alta condición, lo tratan de '"padre" o "cura". *El kimbanda,* sin embargo, es identificado por la mayoría de los informantes como el médico tradicional, muy vinculado al empleo de la panela y a otros instrumentos y métodos de curación. Parte de una concepción causalista de las cosas que particularmente presupone el influjo de los espíritus sobre la vida del hombre. En efecto, para él toda enfermedad es un resultado de la acción de los espíritus, a los cuales trata valiéndose de la mencionada cazuela de barro. Más empleará otros procedimientos para obtener los resultados propuestos, de acuerdo con la naturaleza maligna o no y el poder que tengan esas fuerzas sobrenaturales causantes del mal.

El tratamiento puede consistir, pues, simplemente en la aplicación de la panela en la curación de un problema somático o fisiológico común – digamos el asma o la "imposibilidad" de una mujer de parir – o en el empleo de otros procedimientos más "fuertes", como el de las incisiones realizadas en diferentes partes del cuerpo. La cura de una enfermedad puede realizarse debajo o al pie de un árbol y, la "limpieza" de un individuo en medio de una vegetación o de hojas de árboles cuyos nombres debe conocer e*l kimbanda:* delante de ellas se baña al "paciente" usando una vasija nueva y se le despoja luego de la camisa, la cual finalmente es arrojada lejos.

La relación de la terapéutica hechicera con la vegetación parece reforzar la afirmación sobre el antiguo linaje del *kimbanda*. Se dice que frente a la residencia del soberano se plantaba un árbol de gigantesa fronda con el cual el sacerdote conversaba como si fuese el mismo Deus y al que le hacían consultas y ofrendas. También como lugar apropiado para pagar promesas o deudas religiosas. Para algunas personas,   un

MILLET, José. Aspectos de religiosidad popular angolana. *África:* Revista de Centro de estudios Africanos, USP,S. Paulo, **12-13 (1):** 159 – 180, 1989/1990.

pedacito de hoja fresca de ese árbol, puesto debajo de la lengua, puede evitar castigos como el de un padre a un hijo de mal comportamiento.

La molembeira, como nuestra Ceiba, está rodeada de misterios. Los fetiseiros la transforman en fuente de poder; así, cuando se realiza un mal a alguien, basta con ponerse en un sitio debajo de ella para no ser descubierto. Una leyenda actual relata que en Cabinda hay una que fue plantada por un fetiseiro que murió y que no puede ser talada porque en su interior habita su espíritu. Expuestos tales elementos, es comprensible que el tratamiento del *kimbanda* tenga lugar en un ámbito natural cargado mágicamente, como la sombra o el remanso propiciador de la *molembeira.*

El kimbanda es equivalente al curandero, pero esto no impide que sus funciones alcancen un radio de acción más allá de las propias del médico tradicional. En efecto, su carácter trashumante dentro de una comunidad lo dotan de aptitudes y conocimientos de la psicología social que le permiten aplicarse en funciones civiles, como la determinación de delitos comunes y de sus infractores. Entonces, para lograrlo, pone en juego habilidades de adivino valiéndose de diversos medios de predicción, como el espejo, el machete incandescente, etc., los cuales enumeraremos más adelante.

Aunque frecuentemente no se asocian a él funciones propias de hechiceros, se cree que *el kimbanda* tiene poder para neutralizar a alguien simplemente por el movimiento de los pies, para lo cual pedirá sus zapatos, o valiéndose de la captura de su sombra o procurando los vestidos de la persona a la que él dirige su "trabajo". La naturaleza del *kimbanda* es, pues, dual.

Se le atribuye el poder de construir "fetiches" para provocar la lluvia o de lograr que un hombre se enriquezca o se quede sin ningún dinero. Un antropólogo angolano nos refirió a propósito al caso de un hombre de Cabinda que sacrificó a varios familiares suyos para hacerse rico, cosa que alcanzó. El fetichero, más tarde, volvió a pedirle otro sacrificio: el de un hijo que el avaricioso no tenía. Éste finalmente perdió su fortuna y quedó loco.

Cuando un *kimbanda* muere, normalmente su poder pasa a un miembro de la familia, lo cual dibuja cierto matiz hereditario. Pero ocurre con bastante frecuencia que quien lo sucede no sea un miembro de su núcleo familiar, sino una persona sin

MILLET, José. Aspectos de religiosidad popular angolana. *África: Revista de Centro de estudios Africanos*, USP,S. Paulo, **12-13 (1)**: 159 – 180, 1989/1990.

vínculos de parentesco con él y, preferiblemente, su ayudante. La relación entre ambos implica, pues, un orden jerárquico, que garantiza la continuidad del sacerdocio.

El nganguismo:

La capacidad de dañar valiéndose de maleficios o conjuros la tiene el nganga, identificado con el hechicero. La palabra nganga es una corrupción de la voz ngangala que en nbundu significa, en efecto, hechicero. Se trata de un oficiante que se comunica con los muertos, lo cual le confiere un poder excepcional: el de acabar con la vida de cualquier persona. Es por eso que su imagen pública es la de un señor omnipotente.

Antes de continuar, debemos subrayar que no se puede establecer para la sociedad que nos ocupa una delimitación absoluta entre los conceptos del bien y del mal; más bien éstos son hartos flexibles. En el caso del hechicero, existe una división entre el nganga que trabaja para bien y el que lo hace para dañar, pero a veces las fronteras entre uno y otro son difíciles de establecer claramente y están dadas por el temor a las leyes públicas. Es visible, no obstante, la influencia de la cultura occidental en tales distinciones.

Algunos informantes establecieron dos tipos de ngangas: el que se emplea sólo en obtener bienestar, vinculado a Nzambi, y el que procura dañar, por lo cual se le asocia con el diablo más que con Nzambi. En este último caso, se afirma que se está en presencia de un nganga malo e inmediatamente se le asocia con una palabra terrible: "fetiseiro". Este último término funciona como un estereotipo social negativo, cuya carga peyorativa tiene un vasto alcance en la sociedad estudiada.

A menudo a un *kimbanda* se le toma como chivo expiatorio acusándolo de crímenes que se cometan con cierto margen de impunidad. En este último caso, se procede a realizarle al presunto hechicero la prueba de la "catana" o machete caliente pesándosele por el cuerpo para determinar si es el transgresor verdaderamente; a veces este instrumento se le aplica a una persona para conocer simplemente si es la causante de otro tipo de mal. Para comprobar si alguien es un nganga malo, se le enfrenta al "hombre del chicote". Si el primero no permanece en su casa como se pensaba sino que ha penetrado en otra para hacer sus fechorías, lo intercepta dicho hombre con un látigo y lo castiga duramente. Pero hay otras formas de hechicerías que difícilmente pueden ser detectadas.

MILLET, José. Aspectos de religiosidad popular angolana. *África: Revista de Centro de estudios Africanos, USP,S. Paulo*, **12-13 (1):** 159 – 180, 1989/1990.

En efecto, existe la creencia en que existe un nganguismo muy poderoso que escaparía a todo control humano. Basado en esa fuerza demoníaca, el nganga malo podría capturar la sombra de alguien cogiendo la tierra donde ella se ha reflejado, teniendo el cuidado de que en el espectro estén incluidas todas las partes del cuerpo del sujeto. Esto bastaría para aniquilarlo inmediatamente mediante un "trabajo". También prepararía alimentos capaces de servir de antídoto frente a un golpe mortal de un enemigo. Yo sólo el Maestro en artes nigrománticas conocería la formula para confeccionarlos. Cuando se planea y ejecuta un mal contra alguien, de inmediato se acude a un kimbandero que se encargará de "amarrar" a la victima, impidiendo así su respuesta o riposta. Se emplearán para ello diversos medios y métodos, como los famosos *cordones* con los que se logran determinadas demandas de algún sujeto, a veces hiperbólicas: "quiero la paz, o la guerra", "actúa contra tal cosa", Etc.

Asimismo, el nganguismo antiguamente ponía al desnudo su relación con ciertos comportamientos antisociales. Actuaba, por ejemplo, como un medio para facilitar que un delincuente penetrase en una casa para robar y no fuese visto; o para que un presidiario se evadiese de una prisión ante los ojos de los carceleros. Como es natural, la mentalidad mágica de las víctimas, la creencia en tales poderes sobrenaturales, propiciaba en un caso la invisibilidad y en otro la complicidad de los guardianes con los presuntos "incogibles". Esa mezcla de credibilidad y al mismo tiempo de temor a lo desconocido, es la que propiciaba que una doncella fuese forzada sin apenas oponer resistencia.

No obstante, debemos contraponer a este efecto negativo otro positivo: esa misma mentalidad mágica contribuyó a que muchos miembros del ejército de liberación nacional asistieran a los combates contra los portugueses durante la etapa insurreccional creyéndose invulnerables. Creían que la transmisión de la fuerza de animales, como el leopardo o el león, aumentaban su fiereza y evitarían que fuesen alcanzados por las balas de los colonialistas. La adquisición de tales poderes se realizaban mediante un tratamiento cuyas estrictas reglas si eran transgredidas se volvían contra el creyente; todavía más: implicaba incluso tabúes como la prohibición de ciertos alimentos y bebidas, etc.

MILLET, José. Aspectos de religiosidad popular angolana. *África: Revista de Centro de estudios Africanos, USP,S. Paulo,* **12-13 (1):** 159 – 180, 1989/1990.

Ciertos prejuicios relacionados con fenómenos tan naturales como el de la gravidez tienden a reforzar un matiz de nganguismo: el de la hechicería médica. Según estas creencias, el embarazo está rodeado del Mal, que puede reclamar en cualquier momento a la madre o a la criatura. La tradición en este caso indica que hay que poner en manos del terapeuta popular tan espinoso problema. La intervención del *kimbanda* no se hace esperar y es él quien por lo regular dirige el desarrollo del embarazo imponiéndole a la mujer grávida un tratamiento mágico – religioso, el cual, en los casos en que el esposo posee una mentalidad moderna, no deja de provocar conflictos en el matrimonio y aun en el seno de la familia. Rara vez en este último conflicto la arraigada mentalidad tradicional del africano sale vencida.

Cuando la "enferma" se presenta al *kimbanda,* no lo recibe él personalmente, sino su ayudante. Con éste comienza precisamente este método de cura tan extendido en la población; en efecto, el asistente es la primera persona que empieza a revelarle cosas a la paciente, empleando un lenguaje ritual que sólo el

Maestro sabe decodificar. Por lo regular, el tratamiento no termina el primer día, sino que se prolonga por varios días más. De acuerdo con la dolencia, se indicará buscar una gallina de determinado color, huevos, bebidas, etc.

El método consiste en bañar al paciente que debe estar descalzo, al mismo tiempo que se sostiene una vela encendida y se mantiene cerca la gallina indicada. Para facilitar el alumbramiento se realiza un numero considerable de incisiones en determinadas áreas no visibles del cuerpo (como la cadera, el bajo vientre y las muñecas) empleando una cuchilla de afeitar y polvo desinfectante. Esas heridas no implican ningún tipo sujeción o dependencia del paciente con el oficiante ni con su sistema de creencias. En ocasiones se le indica a aquél algún producto, digamos una hierba, que debe introducirse en un vaso y luego ser quemado para hacer inhalaciones profundas con él.

Se le pide más tarde el paciente comprar un puerco y con él se realizará la operación de traspasar el mal del cuerpo humano al del animal. Se introduce el cerdo vivo en un hueco, se le cubre con tierra y luego se le mata en ese mismo lugar con lanzas de madera. La bestia sustituye al niño que debía morir a consecuencia de un hechizo y, ya muerto es enterrado.

MILLET, José. Aspectos de religiosidad popular angolana. *África: Revista de Centro de estudios Africanos, USP,S. Paulo*, **12-13 (1):** 159 – 180, 1989/1990.

Al paciente se le establecen a partir de ese momento ciertas prohibiciones: no podrá comer carne de cerdo, sino solo masticar un pedacito de palo y polvo. La interdicción con respecto a la carne de tal animal sólo será levantada cuando nace la criatura y se le indicará a su madre que lleve junto a ésta un bocadillo del alimento tabuado.

Finalmente vamos a referirnos a un culto "ganguista" que tiene lugar en uno de los barrios más tradicionales de la ciudad de Luanda - La Ilha, aunque quizás rebase los límites del mismo; nos referimos al culto a la diosa del mar, conocida por *Cereiya o kaínda* en kinbundo, típico de los pecadores que habitan mayoritariamente estos arrabeles. Se trata de una práctica ritual que, si bien tiene su gran celebración pública y festiva en el mes de Noviembre, implica sacrificios y reverencia permanente. Se representa a la divinidad en la imagen de una sirena o alusiones antes mencionadas,   pero en el fondo se trata de la sumisión a una fuerza irracional o descomunal dotada con   ciertas cualidades antropomórficas: que pide ser complacida o apaciguada cuando no se actúa adecuadamente con ella. Los accidentes, como el naufragio de un bote o la muerte de un pescador son relacionados de inmediato con la reina del mar o con la acción de un fetiseiro. Si un hombre de Kaínda o que ha sido víctima de un hechicero que lo sacrificó para entregárselo a la divinidad y así obtener de ella más peces. Ella tiene la facultad, pues, de hacer el bien o el mar, según su capricho.

La Ilha está rodeada completamente de mar, gracias al cual sobreviven sus moradores, en consecuencia, ante la fuerza sobrenatural a la que creer dueña del elemento del que dependen sus vidas, los pescadores procuran conjurar o disminuir el poderío de aquella con prácticas ritualísticas sostenidas frecuentemente. Así, al lanzarse cada día al piélago son "preparados" por oficiantes poseedores de los secretos del mar y de sus misterios. El mismo acto de hacerse pescador implica casi un acto de iniciación, una apuesta, un desafío enorme ante la superioridad aplastante de esa Señora de las Aguas.

Del mismo modo que en la tierra hay personas competentes para "amarrar" o desatar las lluvias, entre los hombres del mar los hay que se comunican con los espíritus de los fallecidos en el océano para determinar por qué se produjo su descenso. Esta cualidad y su capacidad de afirmación los acreditan por sí mismo ante los miembros de la comunidad. La causa de una muerte puede atribuirse a incumplimiento con normas de

MILLET, José. Aspectos de religiosidad popular angolana. *África: Revista de Centro de estudios Africanos*, USP,S. Paulo, **12-13 (1)**: 159 – 180, 1989/1990.

culto de los espíritus, y la invasión de las aguas, al no haber alimentado oportunamente y como pedía la "Nganga marina" o sea, kaínda. El sacerdote entonces indica a los creyentes lo que deben hacer para evitar males como los padecidos y es la personalidad indicada para entregar las ofrendas solicitadas por kaínda.

Para acortar la tremenda desventaja que se establece entre un pescador que realiza su labor en el seno del monstruo marino, aquél procurará establecer una competencia con el resto de los hombres del mar que se dedican a igual actividad productiva: productiva: procurará realizar más y más sacrificios a la divinidad hasta llegar al extremo de ofrecer vidas humanas; de ello dependerán los resultados que obtenga en la pesca. El colofón de tales sacrificios halla una expresión colectiva en el festival anual del barro en que, según algunos informantes, "la nganga grande que rige el mar" cobra siempre víctimas humanas como ofrenda.

En esta gran celebración, los creyentes ponen un recipiente con agua frente al mar, limpian sus brazos y beben ese líquido, hecho lo cual lo lanzan al mar. También proceden a dirigirle a Kaínda otras ofrendas, con las cuales obtendrán en el año próximo buenos provechos en la pesca; así, la divinidad no se enfurecerá ni lanzará la Kaínda – su temible ola inmensa-, alegando que no ha sido suficientemente honrada.

LA PANELA:

En tiempos remotos, la *panela* desempeñaba una función estrictamente adivinatoria, pero está en la actualidad se ha desplazado al área de la terapeútica popular, basada firmemente en el culto a los espíritus. Es el instrumento por excelencia usado por el *Kimbanda* en su oficio.

La panela es confeccionada con la voluntad del espíritu; consiste en una vasija de barro cocido a medianas proporciones. En los bordes del interior y en el fondo se trazan líneas con tiza o yeso de color blanco, rojo o incluso negro. Como contenido orgánico se echan dentro de ella trozos de caña de azúcar, 9 trozos de diferentes tipos de palos, pedazos de ramas de palma y corojo, plumas y uñas de gallina. Para echarle este último elemento, se le cortan las uñas al ave de manera que se derrame sangre en el recipiente, luego es que se introduce en ella dicho elemento.

A continuación pasamos a enumerar los materiales solicitados por un *Kimbanda* para preparar una panela: además del recipiente que puede adquirirse ordinariamente   en

MILLET, José. Aspectos de religiosidad popular angolana. *África:* Revista de Centro de estudios Africanos, USP,S. Paulo, **12-13 (1):** 159 – 180, 1989/1990.

el mercado público, nos pidió varias monedas de 10 cuanzas, una cuchilla de afeitar, un metro de paño crudo de color blanco, dos gaseosas, dos cruces, dos botellas de vino, dos bolas de resina de un árbol a las que denominó "colos" y dos velas. Como componente fundamental, además, puso en primer término el tipo de palos que había que añadirle; sus nombres en quimbunda son: Ndite, Ndua, Saco – Dibori y Bilubilo.

En ella se introducen, finalmente, materiales orgánicos como uñas, cabellos o incluso una calavera completa. La mayor parte de las panelas son cestos hechos de barro donde están los "instrumentos de trabajo" del Kimbanda. Su tamaño puede variar: las hay grandes o pequeñas, dependiendo aquél de la función que la misma vaya a realizar. Lo más general es que esté hecha de barro cocido, que en el Sur y hacia el Este del país se deja más tiempo en el horno y por ello se dice que la panela es "pinta". En el centro del fondo o a un costado tiene un orificio taponeado con tela. Una vez que se ha efectuado el tratamiento con ella a un miembro de alguna familia, la panela se deja en la casa como un elemento más de defensa. Así se cuelga en la habitación del enfermo, suspendida por 9 cordones o hilos de color marrón.

Uso y Funciones de la panela:

Cada panela se prepara de acuerdo con el padecimiento de la persona. Al final de un tratamiento, cuyo tiempo de duración es variable, debe botarse la panela. Pero también puede prepararse un tipo de panela con el fin de ser utilizada como resguardo o protección y éste permanece en la casa. Es importante apuntar que el recipiente debe permanecer con agua dentro y que este elemento líquido desempeña un rol muy importante en el proceso de curación.

En efecto, el paciente es bañado con esa agua y despojado luego de sus ropas. Esta operación lo obliga a echar dinero en la cazuela, aunque si no lo tiene no implica nada grave. En su lugar, deposita piedras en ella. La "limpieza" se hace con rabo de chivo salvaje, aunque también puede hacerse con el de un caballo, un burro o aun el de una vaca, cuyo sexo no importa, aunque sí que sea "grande". El rabo de cualquiera de estos animales puede ser sustituido

por la rama de una palmera, pero éste debe semejarse
mucho al elemento reemplazado.

MILLET, José. Aspectos de religiosidad popular angolana. *África:* Revista de Centro de estudios Africanos, USP,S. Paulo, **12-13 (1):** 159 – 180, 1989/1990.

El tratamiento de la "limpieza" incluye asimismo determinadas operaciones utilizando una gallina viva, que tiene que ser de color negro y rojo. El ave se le pasa nueve veces por la cabeza y luego por el pecho al enfermo, hecho lo cual se le libera. Al haber escogido en su cuerpo el maleficio, la gallina más tarde muere y entonces se supone que el paciente quede curado.

A propósito del uso de animales vivos debemos apuntar que los animales sacrificados con fines culturales no pueden ser ingeridos por nadie. De modo que, el ave empleada en una limpieza, una vez muerta, se lanza hacia atrás, sin mirarla, y luego se entierra. Su color, por lo demás, guarda relación con la índole o finalidad del trabajo que se realiza con el animal: blanco, si es para un uso bueno, y negro si se desea hacer un mal. *El Kimbandero* puede solicitar asimismo otros ingredientes para completar el "tratamiento" iniciado con la panela, tales como huevos, sábanas, etc.

Son muy importantes los amplios márgenes de autogestión que permite la panela. Una vez concluido el tratamiento dirigido por el médico tradicional, el "paciente" puede continuar haciendo uso de ella cotidianamente, tanto para perfeccionar el proceso de cura, como parte darle continuidad en caso de que la enfermedad o algunos de sus síntomas persistan. Sólo hay que cambiarle su contenido líquido periódicamente, echarle nuevamente agua y pequeñas cantidades de vino. El practicante dispondrá del instrumento benefactor para operar con él sobre sí mismo; en efecto, con una tira de yarey, delgada y anudada, procederá a darse nueve pases por el pecho y luego por la cabeza, hecho lo cual la arrojará hacia detrás de sí. Esta operación, de evidente finalidad mágica, nos recuerda las santiguaciones propias del espiritismo de cordón practicado hoy en Cuba, en particular muy extendido en extremo oriental de la isla.

El acto de atar la cinta de yarey puede significar el acto de amarrar el mal - o de concentrar la fuerza con que se cura o se exorcisa – y el de desamarrarlo, la liberación del mal que padece un sujeto. Siempre que se tenga la panela en la casa, puede aplicársele estas operaciones mágicas a las esposas e hijos, con el fin de protegerlos de cualquier acción derivada del maleficio. Pero siempre la o las panelas con que uno es tratado deben permanecer suspendidas en el dormitorio del paciente, y esto parece que forma parte del proceso de curación.

MILLET, José. Aspectos de religiosidad popular angolana. *África:* Revista de Centro de estudios Africanos, USP,S. Paulo, **12-13 (1):** 159 – 180, 1989/1990.

Cada vez que se realiza el baño o "limpieza", debe cambiarse el contenido líquido de la panela. Esta operación lustral consiste en derramar dicho contenido encima del paciente, acompañándola de santiguaciones y rezos en lengua ritual. La ropa que se viste debe ser la ordinaria y ese día permanece al lado del recipiente, pero al siguiente el paciente debe volvérsela a poner para realizar sus labores habituales. El vestido se supone que conserve la acción benefactora del instrumento de curación y, al mismo tiempo que combate al mal, concentre en sí mismo parte de éste, por lo que al final se desecha.

El líquido del recipiente se ennegrece por la acción de los palos y demás componentes, pero también porque tiene la propiedad de recibir en su seno los influjos del mal o de los malos espíritus. Por eso se procede a renovarlo periódicamente: cada 7 u 8 días, por ejemplo, y, al final de un tratamiento, al mes aproximadamente. En el mismo lugar donde tuvo lugar el tratamiento, se vierte dicho líquido poniendo la panela boca abajo, luego se le sitúa en posición inversa, se le añade agua fresca y se le introducen todos sus componentes.

El orificio que posee la mayoría de las panelas no cumple, pues, que sepamos, ninguna función específica. Es simplemente la abertura que estos recipientes, destinados a portar plantas ornamentales o de otro tipo, traen del mercado; por eso es que permanece cerrado con un tapón de tela. No hay que olvidar que la panela es comprada en comercios públicos, de ahí su diversidad de tamaños y formas. Las dos panelas que estaban siendo empleadas con finalidad mágico-religiosa cuando las observamos, tenían una, forma ovalada y la otra cilíndrica.

Por último adviértase que no hay un solo tipo de panela o panela única que sirva para curar cualquier enfermedad, sino que para cada enfermedad, sino que para cada enfermedad en específico se construye una cazuela destinada a su erradicación. Siguiendo este procedimiento, el cuerpo humano ha sido dividido en nueve áreas en cada una de las cuales se inscriben varias enfermedades. Parece como si aplicase un esquema semejante al de la influencia de los planetas sobre los órganos y partes del cuerpo humano de la antropología occidental. Cabe especular la existencia de una concepción cosmológica en el pensamiento de estos creyentes, en base a la cual el universo se divide en tantas partes como áreas del cuerpo.

MILLET, José. Aspectos de religiosidad popular angolana. *África:* Revista de Centro de estudios Africanos, USP,S. Paulo, **12-13 (1):** 159 – 180, 1989/1990.

Pero a pesar de la diversidad de estos instrumentos en cuanto a formas y a usos, no existe una "familia", jerarquizada de panelas. Cada una de ellas es mandada a comprar y "construida" por un Kimbanda para destinarla a un fin específico, alcanzado el cual no se desecha sino que se integra a la familia como factor más de protección o defensa de esa importante Cédula Social. Elaborada por un oficiante experto en el arte de la curación pero con la participación de un espíritu, la panela se inscribe pues en el culto de los espíritus o de los antepasados y, justamente, en ese nivel elemental de la familia a que nos referimos, alcanza el máximo de eficiencia.

MECANISMOS DE ADIVINACIÓN:

El Masacato:

El Masacato: es el instrumento empleado para la adivinación. Consiste en una tabla de madera que se friega, a la cual se le inserta una figura que representa un sapo. Para la mayoría de los miembros de la comunidad etnolingüística kimbundu este batracio está dotado poderes excepcionales, pero informantes de origen congo nos aseguraron que para ellos no es así. La inserción del sapo en el masacato simboliza las respuestas dadas por el espíritu a las preguntas formuladas por el oficiante: si se inserta, la consulta es positiva; si no lo hace, es negativa.

La naturaleza de la interpelación remite a términos muy concretos: a la causa o al tipo de una enfermedad, o, en el caso de que alguien sufra de alguna dolencia, a cómo curarla. Más el alcance del sistema adivinatorio es mucho mayor que el apuntado: a puede abarcar asuntos de la vida civil, como aquellos de trasgresión de las leyes vigentes – por ejemplo, problemas de robo o de prisión – y, con respecto a estas últimas figuras delictivas, puede servir para caracterizar, en el sentido de identificar, entre otras muchas personas al trasgresor.

Hay que corregir que, si el kimbandeiro se vale de tales instrumentos adivinatorios para operar es, en parte, porque no da respuesta directa. En efecto actúa como si emplease el método estocástico, de preguntas y aproximaciones a la verdad cuando dialoga como alguien que ha venido a consultarse. En este último

caso, procede a realizar afirmaciones sobre el objeto
de deliberación mientras que la otra persona

MILLET, José. Aspectos de religiosidad popular angolana. *África:* Revista de Centro de estudios Africanos, USP,S. Paulo, **12-13 (1):** 159 – 180, 1989/1990.

responde "sí" o "no" a sus asertos. Se caracteriza por ser un personaje itinerante: se mueve de un lugar a otro. Esto le permite estar mejor preparado para asumir tareas sociales de mayor envergadura, como la determinación del autor de un robo o de un crimen dentro de una comunidad.

Otros Instrumentos Adivinatorios:

Además del *masacato* el oficiante se vale de un espejo para adivinar; encima de él derrama polvo blanco hasta cubrir toda su superficie. Luego mira la pantalla tapada y le pasa la mano como "con cariño", es decir, suavemente. Más, para asumir una responsabilidad tan grande como la de identificar a un culpable, se vale del machete como instrumento adivinatorio. En efecto, esta arma se pone al fuego y, cuando se calienta, se aproxima al cuerpo metálico las plumas de un ave. Si se queman éstas, la consulta es positiva. También se utiliza este mismo machete caliente para comprobar la veracidad de una declaración de culpabilidad: si un sujeto afirma ser inocente ante el delito que le imputan y al pasarle el arma está lo quema, es señal inequívoca de que es culpable. En caso de serlo, dicen que la cicatriz tarda muchísimo en curarse.

Con igual propósito se esparce humo en un cuerno; en las nubes de humo que se forman, el kimbandeiro ve la imagen del causante de un mal.

El adivino que trabaja con la panela o kimbanda puede valerse de las entrañas de un animal sacrificado – por ejemplo, las de un cabrito – para lograr su vaticinio. No pudimos recolectar datos suficientes acerca del modo como se procede con las vísceras, pero un reputado investigador angolano nos dijo que en el recipiente son introducidas las piedras blancas, rojas – este último color lo identifican con el diablo – y negras.

Hay informantes que incluyeron en la lista de los objetos o medios empleados para adivinar los siguientes: *misangas,* piedras que pueden ser encontradas en el campo denominadas *olho de koruya;* palos; raíces; alfileres, agujas y monedas. Obsérvese el carácter ambiguo de este último elemento: la moneda tiene dos caras, equivalentes a las del bien y el mal. Este carácter se aviene tanto con la naturaleza del oficiante como con las circunstancias que rodean la adivinación misma.

MILLET, José. Aspectos de religiosidad popular angolana. *África:* Revista de Centro de estudios Africanos, USP,S. Paulo, **12-13 (1):** 159 – 180, 1989/1990.

No es la persona del adivino quien realiza las predicciones, sino el espíritu que de él se posesiona para hacerlo. Es el espíritu quien ordena traer una gallina viva a la que se le corta el cuello con el fin de derramar su sangre dentro de la panela. Con el contenido de ésta se baña al paciente, al tiempo que se realiza la limpieza con el ave. Estas circunstancias – en las que invariablemente se liban bebidas alcohólicas – son las que rodean el proceso de la adivinación; el espíritu, hablando a través del fetiseiro, termina por esclarecer la causa del mal. La tradición establece que, una vez hecho el tratamiento completo, la persona debe sacrificar un gallo blanco en un horno; si no lo hace, corre un gran peligro, al quedarse en deuda con el hechicero. Pero debe repararse en todo lo anteriormente expuesto en este importantísimo hecho: sin la intervención de los espíritus no hay adivinación.

EL CULTO A LOS ESPÍRITUS

Costumbres funerarias:

El óbito tradicionalmente ha durado un mes, pero en la actualidad las restricciones materiales obligaron a reducirlo a una semana. Todo el tiempo de duración se canta, baila, come, fuma y se danza cerca o alrededor del muerto, justo hasta su enterramiento. Los miembros de la comunidad religiosa, los familiares y amigos que han acudido al velorio participan sin exclusión de las actividades antes mencionadas, sin que se observen distinciones por el parentesco o el rango social. Ahora bien, nadie de la comunidad que asiste a los oficios funerarios puede retirarse a dormir a sus casas antes del octavo día en que estos culminan.

La Casa del difunto se convierte, pues, en una casa comunal de dolientes y creyentes que deben cumplir rigurosamente con lo que ellos se sienten atados. En ella deben permanecer invariablemente: comer, beber, dormir y participar en las actividades que allí se realizarán, fuera o dentro del recinto mortuorio.

Ciertamente, cuando fallece una persona las ceremonias que rodean las prácticas que se ejecutan no están desprovistas de espectacularidad. Pero lo más significativo es que se ponen en juego los elementos más tradicionales de la sociedad africana: ésta debe actuar en consecuencia para reponerse de la pérdida, que puede ser de consideración si

MILLET, José. Aspectos de religiosidad popular angolana. *África:* Revista de Centro de estudios Africanos, USP,S. Paulo, **12-13 (1):** 159 – 180, 1989/1990.

se tratase de uno de sus miembros connotados. Se tenderá, pues, más que a despedir a una persona del reino de este mundo, a preparar el espíritu que ella poseía para su reiserción en otro miembro de una familia o en el seno de la comunidad.

Con las acciones ejecutadas, asimismo, se intentarán establecer regulaciones que garantizan la continuidad del o de los espíritus poseídos por el difunto y sus futuras relaciones con el grupo.

En lo que fuera el dormitorio del difunto, a todo lo largo de la cama se tiende el cadáver cuyo rostro permanece tapado y, en general, el cuerpo cubierto por un mosquitero que evita el acceso de las moscas. Sentado a los pies, muy cerca del muerto, debe estacionarse un familiar en vigilia permanente. En otros espacios del piso yacen los demás familiares descansando, dormitando o simplemente en vela encima de esteras de fibra vegetal. Cada cierto intervalo de tiempo se rompe la monotonía de la cámara con la irrupción de una de las danzarinas de *Kalundú,* que entra en las cámaras mortuorias y se echa de costado sobre una estera situada en el piso, paralelamente a la cama. Luego de emitir sonidos articulados cuyo sentido no alcanzamos a comprender, se retira corriendo del aposento, no sin antes haber besado la cama del difunto.

El Kalundú:

La danzadora mencionada se desprendió del *Kalundú,* baile colectivo relacionado con los ritos mortuorios a que nos venimos refiriendo y que tiene lugar fuera de la casa. Exactamente en el espacio comunal de varias casas se sitúan, sentados en el suelo, los concurrentes al óbito y frente a ellos, sentadas también pero sobre esteras, las mujeres que integran una batería muy singular, formada por un tambor bimenbranófono y, fundamentalmente, por los recipientes de latón empleados por ellas ordinariamente para depositar los pescados que se destinan a su comercialización en el mercado, entre los miembros del grupo percusivo está una connotada jerarquía religiosa, de la comunidad.

La danza es ejecutada dos o tres veces al día, de modo opcional, por 8 ó 10 danzarinas que se desplazan una atrás de otra en ocasiones, siguiendo con sus pasos y movimientos el ritmo de los instrumentos musicales. Pero es corriente que una o dos de ellas muevan la cabeza, hacia los lados y en un momento la dejen fija, ladeada, como mirando a un punto remoto o perdido. Algunos síntomas revelan entonces el estado de

MILLET, José. Aspectos de religiosidad popular angolana. *África:* Revista de Centro de estudios Africanos, USP,S. Paulo, **12-13 (1):** 159 – 180, 1989/1990.

posesión que puede llevar a dar vueltas de carnero o a revolcarse por el suelo a quien transita por él. Así pudimos observar cómo una de ellas en trance le propiciaba tremendo empujón a un hombre de más de cincuenta años, quien había entrado en el ruedo. Cuando se han producido varias posesiones, una de ellas emite un sonido estertóreo y sale corriendo, al mismo tiempo que grita, en dirección a la casa del velorio; las demás la siguen para ejecutar delante del muerto la operación que más arriba hemos descrito.

Son significativas en las danzas dos cosas: Primero que sea ejecutada por mujeres y segundo, que los pasos se realicen con los pies descalzos, arrastrándolos por la arena o el suelo, como si con esto último se quisiera familiarizar al espíritu con la tierra. Lo son también los "instrumentos de trabajo" que son empleados para tocar la música y el uso de la estera, que da la idea de la proximidad que debe tenerse con el elemento telúrico, lo cual es característico del congo. Así, en Cuba la *nganga* no puede estar suspendida como la panela, sino en contacto directo con la tierra, con las fuerzas de la naturaleza que le transmiten sus poderes.

Llama la atención el comportamiento de los asistentes a los ritos, que para nosotros tendrían una honda connotación; en todo momento se evidenciaba que asistían a una fiesta, aunque fuese mortuoria. No dejaban de producirse situaciones de humos, como la del hombre que rodó por el suelo impactado por una de las danzarinas en estado de posesión. Algunos hacían comentarios jocosos y el baile les proporcionaba una especie de diversión.

TRASPASO DE ESPIRITU

Una persona puede estar a punto de morir, "oler a muerto", y no morirse hasta que no haya encontrado el familiar a quien se traspasará su espíritu. Generalmente lo hará con un familiar cercano, digamos un hijo o el mayor de sus hermanos. Pero puede darse el caso de que el elegido, por diversas razones, no está apto o no puede continuar con el culto al espíritu; entonces procederá a pagar a un experto para que le haga un tratamiento especial y, finalmente, se procede a "enterrar" dicho espíritu.

MILLET, José. Aspectos de religiosidad popular angolana. *África:* Revista de Centro de estudios Africanos, USP,S. Paulo, **12-13 (1):** 159 – 180, 1989/1990.

El rito de la "primera lágrima del muerto":

Algunos informantes afirman que antes de morir una persona, se procede a sacrificar un cerdo cuya sangre se da a beber a los efectos del traspaso del o de los espíritus a otra

persona. Según ellos, mientras más grande sea el animal, mayor será la fuerza de la familia sometida a tan importante transferencia. Tal aseveración tiene relación con el rito que pasamos de inmediato a describir.

Se le atribuye un significado especial a la "primera lágrima del muerto", cuya recepción tiene lugar en la cámara donde se deposita el cadáver, o sea, en el dormitorio usado en vida por el difunto. Consiste esta "lágrima" en la expulsión de sangre por la nariz, la cual es sometida a un rito en el que están presentes la viuda, un oficiante y la persona indicada para serle traspasado el espíritu o los poderes del finado. Ésta puede ser un miembro familiar en quien llegó a manifestársele dicho espíritu quien elige en quien va a continuarse. De aceptar ésta su elección, será quien lo guarde en la cabeza y garantice el equilibrio familiar y que el fallecido que lo poseía pueda continuar haciendo lo que hacía en vida.

En este rito de traspaso, la secreción es escogida en un algodón que se envuelve con una pequeña porción de tela y se amarra a la muñeca de la mano izquierda de la persona a quien se traspasa el espíritu, quien debe permanecer con ella 8 días. La tradición establece un sentido de obligatoriedad estricto con respecto a la continuidad del culto a los espíritus: si no se realiza el traspaso, otro miembro de la familia morirá. Es por eso que, para significar que se ha cumplido con la norma, se porta el *yisemba,* collar de tela con un adminículo rojo en el cual se guarda la sangre del difunto.

A propósito de esta última afirmación, debo decir lo siguiente: en ese amuleto no sólo se recoge la lágrima del muerto, sino toda la fuerza o poderes que atesora el difunto y que pudo alcanzar gracias a su estricto cumplimiento de las acciones que demandan el culto a los espíritus. Puede afirmarse que esa lágrima resume o concreta todas las sangres de los animales – gallina, pato, palomas, chivos o puercos – que les había sido sacrificado a dichos seres sobrenaturales. Esa lágrima, pues, será recogida y guardada celosamente porque cumple la fusión de fortalecer la familia.

MILLET, José. Aspectos de religiosidad popular angolana. *África:* Revista de Centro de estudios Africanos, USP,S. Paulo, **12-13 (1):** 159 – 180, 1989/1990.

Rito del último día:

Las honras fúnebres culminan con la fiesta ritual del octavo día denominada *Komba,* que en quinbundo quiere decir limpieza. Se realiza después de la fiesta a la que se invitan amigos íntimos y asisten los familiares del difunto. Según los informantes, ésta persigue al fin de ponerse a bien con el alma del difunto y de apaciguarla. Se le realiza a las personas mayores de 15 años – es decir, las "crianzas" están excluidas de ella – y sólo después que los concurrentes han comido y bebido. El nivel material de la celebración está en dependencia de la jerarquía o la posición social del fallecido, aunque parece que está al alcance de la mayoría de la población disponer de un cerdo para garantizarle comida a los asistentes. Se procede entonces a echar en un recipiente vino, *pemba (* tiza o arcilla bemeja) u agua, líquido lustral con que se hacen aspersiones por toda la casa; acto seguido se ejecuta el barrio de las cenizas y se lanza todo al mar.

Este mismo día se viste una nunca con las ropas del difunto y se entierra inclinada. Sólo un mes después se procederá a realizarle una misa al fallecido.

Restricciones y tabúes funerarios:

Después que sale se le saca el cortejo fúnebre, la persona que vigilaba el cadáver tiene que permanecer en la cama y guardar ciertas normas durante un mes. No puede salir del cuarto donde realizó la vigilia ni de la casa sin antes cumplir con ciertos ritos. Si ella es viuda no se puede besar ni tocar. En estos casos se deberá cumplir las siguientes normas y tabúes:

- No podrá cohabitar con persona alguna;
- Inicialmente deberá vestirse completamente de negro; a los seis meses, podrá vestir con dos colores: blanco y negro, luego hasta el año, de negro;
- Solo al cabo de un año, la viuda podrá pasear por las calles de la comunidad, haciéndose acompañar de parientes – casi siempre mujeres – tanto de su familia como de la del difunto, con lo cual va a entender que ya puede de posarse nuevamente;

Las personas que participaron en el rito, por otra parte, no pueden regresar a su casa, sino permanecer esa noche en la casa del muerto. Al regreso   se

MILLET, José. Aspectos de religiosidad popular angolana. *África:* Revista de Centro de estudios Africanos, USP,S. Paulo, **12-13 (1):** 159 – 180, 1989/1990.

lavan las manos, los que no lo han saludan a los familiares del fallecido, comen algo y, si tiene lugar el banquete por la presencia de personas mayores, participan en él.

El interior de la familia, es la madre quien decide, cuando se produce un óbito, el o los miembros del núcleo familiar que deben asistir a las ceremonias fúnebres y asimismo les indica a quien deben besar en ellas.

ESPIRITUS – ATRIBUTOS

Las misangas de lundo:

Los collares destinados a los espíritus reciben el nombre de misanga di lungo y son confeccionados con semillas de diversos colores. Generalmente se combinan de tres en tres los colores blanco, negro y rojo, que es su disposición y combinación más consagrados. Aunque en sus primeros años a un niño puede ponérsele un collar, no es sino a partir de los 15 o 16 años que se manifiesta un espíritu en una persona, quien está obligada a partir de entonces a usar una nisanga negra. Ésta, pues, simboliza hasta cierto punto el acto de iniciación.

Los espíritus de una familia quedan simbolizado en los collares que combinan los tres colores más arriba apuntados, mientras que a los espíritus ancestrales o tradicionales se les representa en la misma de un solo color: el rojo. El ayuntamiento de estos dos últimos collares tienen un significado específico: significa la unidad familiar. Finalmente el "espíritu maluco", eso es, demente, descarriado o incontrolado se le representa con el collar blanco.

El número de las cuentas de un collar representa la jerarquía de quien lo porta y, también, la cantidad de espíritus poseídos por una persona. No obstante, hay que tomar en cuenta que frecuentemente se llevan varias misangras de un mismo color con una finalidad puramente decorativa.

Una de las diversas formas de que se vale un espíritu para manifestarse es la ingestión desmedida de bebidas o, asimismo, el desatino que padece alguien por las mujeres. Para corregir tales "excesos" se somete a la persona asedida a un tratamiento al

cabo del cual se le coloca un tubito blanco al collar
rojo, negro o blanco.

MILLET, José. Aspectos de religiosidad popular angolana. *África:* Revista de Centro de estudios Africanos, USP,S. Paulo, **12-13 (1):** 159 – 180, 1989/1990.

Por último, hay que consignar la yisemba, collar de tela con un adminículo rojo en el cual se guarda la sangre del difunto, según pudimos, apreciar cuando hablamos del rito de la "primera lágrima" del muerto. En nuestras investigaciones de campo pudimos observar que muchas personas llevan amarrados pequeños collares a la altura de los tobillos aunque no logramos conocer su función; otra también se los hacían envolver en la cabeza de modo que les cayera en la frente, parece que con una finalidad decorativa.

Rito del levantamiento del muerto:

Un individuo que lleva en el rostro una especie de máscara antigás penetra en la cámara mortuoria, retira el mosquitero que cubría el cadáver y realiza verificaciones sobre él. A continuación introduce el féretro en dicha cámara y lo destapan. A los familiares y amigos íntimos sólo les está permitido observar este rito, que es rodeado de un balón de gravedad y diríase, de secreto. En medio de todo hay llantos fuertes, que se interrumpen cuando un oficiante se sitúa a la cabecera de la cama y comienza a hablarle al muerto en lengua ritual, mientras otro se ocupa de la preparación del féretro. La primera operación tiene la finalidad de instruir al espíritu en lo concerniente al nuevo reino al que se dirige y, la segunda, de preparar el "viaje", en su aspecto material.

El oficiante que hablaba al muerto ahora lo viste con ropas nuevas, lo envuelve con un sudario o sabana de lino blanco como si procediera a embalsamarlo, con varias envolturas que terminan en un cierre. El rostro todo el tiempo permanece cubierto. La segunda oficiante oculta las operaciones que está realizando tras una tela que sirve de parabán a la vista de los que no se desea que observen nada. Cubre el fondo de la caja con una tela nueva, deposita vestidos también nuevos en ella y a la cabecera, debajo de un cojín, deposita prendas y otras cosas que no alcanzamos a precisar. El espíritu entrara en su nueva morada preparado con lo mejor, podrá incluso seguir viviendo en otra persona cuando se materialice su traspaso definido.

Paralelamente a todas estas operaciones tienen lugar los cantos y danzas de despedidas del difunto, acciones que parecen tener un matiz más civil que religioso. En el centro de la sala han situado una mesa de madera y alrededor de ella forman una rueda un grupo de mujeres, en su mayoría vestidas de luto, con collares y otros atributos

MILLET, José. Aspectos de religiosidad popular angolana. *África:* Revista de Centro de estudios Africanos, USP,S. Paulo, **12-13 (1):** 159 – 180, 1989/1990.

del culto a los espíritus. Cada una lleva puesta encima de la cabeza un paño enrollado en forma de espiral, el mismo que emplean cuando llevan sobre él los recipientes de latón con los pescados destinados al mercado. Se desplazan en círculo con una danza alegre pero contenida, al compás de los cantos que ellas mismas interpretan, muy rítmicos y cadenciosos. La letra de los cantos habla de Angola, de la patria y del Presidente Agostino Neto, y no sabemos si son canciones creadas por la que fue una famosa composé del grupo carnavalesco del barrio angolano de la Ilha.

Finalmente el féretro con el cadáver es puesto encima de la mesa – ya ha cesado el baile de despedida, cargado en andas por varios hombres e introducido en la parte trasera de un camión militar, cubierto con una lona y con asientos laterales. Suben al vehiculo varios familiares, casi todas mujeres; el resto del cortejo fúnebre va detrás del camión en otros transportes, como guaguas y carros ligeros de último modelo. Se dirigen veloces al Club Marítimo, ubicado en el mismo barrio, donde tendrá lugar la escenificación del último acto previo al encierro.

Según nos informan, la difunta era una prominente figura social de la Ilha y, además de composé, fundadora de un equipo de fútbol. Ella misma pidió que se le llevase allí y se representase una última escena del juego. Y, en efecto, ante la "vista" del féretro, improvisan un juego: de un lado arman una portería delante de la cual se sitúa un guardameta y del otro alguien "chute" un balón que marcha victorioso a marcar el "golf". El cortejo ahora puede continuar viaje al cementerio.

RESUMO: o autor analiza varios aspectos de religiosidad popular angolana como a nocao de "Nzambi", a diferencia entre sacerdotes, brujos e feiticaria y sus prácticas rituales. Analiza también los mecanismos de adivinanza o culto ancestrales y ritos funerarios.
UNITERMOS: Angola, Religión Popular, Antropología de Religión.

Bibliografía

- ARGYRIADIS, Kali. 1999: LA**Religión** *à La Habana. Actualité des représentations et des pratiques cultuelles havanaises*, Ediciones des archivos contemporáneos, 1999, Paris /Amsterdam (d'après une thèse de doctorat soutenue en 1997 à l'École des Hautes Etudes en Sciences sociales, Paris).

- BARNET, Miguel. 1965: "Los congos", *CUBA 4* n° 43.

- BARNET, Miguel. 1997: "Sur les cultes congos d'origine bantoue à Cuba", *Diogène* n°179 "Routes et traces des esclaves", UNESCO, pp. 123-145.

- BARNET, Miguel. 1982: *La Fuente viva*, Entre otros trabajos, contiene el ensayo "Sobre los cultos bantu en Cuba", Editorial Letras cubanas, La Habana.

- BARNET, Miguel. 1995: BARNET, Miguel. 1995: *Cultos afrocubanos: La regla de ocha, la regla de palo monte*, Ediciones Unión, La Habana.

- BOLIVAR, Natalia. 1995: "Las distintas manifestaciones de palo monte en Cuba", pp. 21-28, *Anales del Caribe* n°14-15, La Habana.

- BOLIVAR ARÓSTEGUI, Natalia et GONZÁLEZ DÍAZ DE VILLEGAS, Carmen. 1998: *Tama Kuende Yaya y los reglas de Palo Monte: Mayombe, Brillumba, Kimbisa,*

Shamalongo, Ediciones Unión UNEAC, La Habana.

- CABRERA, Lydia. 1977: *La regla kimbisa del Santo Cristo de Buen Viaje*, Miami Peninsular Printing, Miami.

- CABRERA, Lydia. 1979: *Reglas de Congo-Palo Monte - Mayombe*, Peninsular Books, Miami.

- CALLEJA LEAL, Guillermo (?): *Estudio de un sistema religioso afrocubano: el Palo-Monte Mayombe*, Thèse de doctorat, Universidad Complutense de Madrid.

- COLINA, Cino. 1990: "La Regla de Palo Monte", periódico Granma (26 agosto), La Habana.

- GONZÁLEZ BUENO, Gladys. 1988: "Una ceremonia de iniciacíon en Regla de Palo", *Del Caribe* n°12, Santiago de Cuba.

- LACHATAÑERÉ, Rómulo. 1952 (escrito en 1938): "Rasgos bantus en la santería", *Les Afroaméricains, mémoires de l'IFAN*, pp. 181-184, Dakar. N. B.

- LEÓN Argeliers. 1990: "Paleros y firmas congas", en revista Unión, La Habana.

- LÓPEZ VALDÉS, Rafaël 1985: *Componentes africanos en el etnos cubano*, Editorial Ciencias sociales, La Habana.

- ORTIZ, Fernando 1961. : "La secta congo de los matabios de Cuba", *Islas* vol. 3 n°3, Santa Clara, Cuba.

- TEIJELO RODRÍGUEZ, Domingo: "El bautizo congo en la regla de Palo Monte", *Anales del Caribe* n° 14-15, La Habana.
- THOMPSON, Robert Faris y Joseph CORNET. 1981: *The Four Moments of the Sun: Kongo art in two worlds* National Gallery of Art, Washington DC.

Ficha del autor

José Millet, (Cuba, 28 de enero de 1949).
Scholar y escritor que vivió durante 37 años
consecutivos en Santiago de Cuba, capital de
la antigua provincia de Oriente.Es Filólogo.
Profesor universitario, antropólogo cultural
que investiga la temática de la cultura
tradicional popular, con énfasis en fiestas y
especializado en el campo de la religiosidad
popular. En 1975 se graduó en la Universidad
de Oriente, de Santiago de Cuba en
licenciatura en Lengua y Literatura; estudió
Filosofía en la Universidad de La Habana,
donde se desempeñó como docente. Como

etnógrafo, ha realizado investigaciones de campo en Cuba, República Dominicana, Puerto Rico, Barbados, Haití, Polonia, Galicia, R.P. de Angola y República Bolivariana de Venezuela. Ha publicado 18 libros, uno de los más recientes apareció en Estados Unidos, bajo el título de **Sacred Spaces and Religious Traditions of Oriente Cuba**, pero con la firma de la profesora, Dra. Jualynne Dodson, de la Michigan State University, quien se adjudicó la autoría del libro, siendo ésta compartida con Millet. También es de su autoría el libro **Biografía documentada y testimonial del cantautor venezolano Ely Rafael, "Alí" Primera Rossel** (1941-1985). Ha escrito numerosos artículos, ensayos para distintas publicaciones tanto en Cuba como en otros países, y muchos de ellos pueden ser accesados en la Internet. Trabaja en el Instituto de Cultura del Estado Falcón (INCUDEF), donde creó y dirige el Centro de Investigaciones Socioculturales. Actualmente elabora **el Atlas Etnográfico del Estado Falcón**, obra pionera en Venezuela por su enfoque y trascendencia en los estudios etno-sociológicos. Fundador del Festival del Caribe (1981) y de la Casa del Caribe (1982), donde dirigió el Equipo de estudio de las religiones afrocaribeñas y el espritismo hasta residenciarse en Venezuela en el año 2005. Preside la Fundación Casa del Caribe, institución sin fines de lucro enfocada-- desde el punto de vista pedagógico-- al estudio, la investigación y la promoción de la historia y las culturas de los pueblos de la región caribeña. Rd miembro de la Asociación Caribeña de estudios del Caribe y de la Red de Escritores de Venezuela. Presidente de la Fundación Casa del Caribe.

Avenida Ali Primera, Calle Principal, casa 29, Sector La Cruz, Parroquia Los Teques, Municipio Guaicaipuro, Estado Miranda, Venezuela. Teléfonos celulares: (58) 0416-2168703; 0412-5960330 y 0212-4608164 E-mail: milletjb3000@gmail.com; milletjb2014@gmail.com Véase en internet el Curriculum Vitae completo de José Millet